Liebe Leserinnen und Leser,

dieses Buch habe ich allen Kindern und Erwachsenen ge-
widmet, die mit einer körperlichen oder geistigen Einschränkung leben. Die Geschichte erzählt von einem Jungen mit
Namen Oskar der durch einen Traum lernte, dass jeder
Mensch liebenswert und einzigartig ist und auch ein Leben
mit Einschränkungen ein schönes Leben ist.

Ich wünsche allen Lesern viel Freude mit dieser Geschichte.

Ihre Heike Boeke

Heike Boeke

Oskars Reise

Jeder von uns ist wertvoll

Bibliografische Information der Deutschen Nationalbibliothek:
Die Deutsche Nationalbibliothek verzeichnet diese Publikation in der Deutschen Nationalbibliografie; detaillierte bibliografische Daten sind im Internet über http://dnb.dnb.de abrufbar.

© 2020 Heike Boeke
*Illustration: **Heike Boeke***

Herstellung und Verlag:
BoD – Books on Demand, Norderstedt
ISBN: 9 783751 944793

Inhalt

Oskars Reise

Oskar lebte in einer Welt voller Farben. Er liebte es mit Fingerfarben
Kreise zu zeichnen. Kleine Kreise,
große Kreise, gelbe Kreise, rote
Kreise. Er schaute dann oftmals tief
in sie hinein und sah dort eine Welt,
die anderen Menschen verborgen
blieb.

Oskar war stumm auf die Welt gekommen und konnte daher seine Erlebnisse, Wünsche und Träume nicht mit Kindern seines Alters teilen. Aber das störte ihn nicht. Er lebte in seiner Welt und nichts brachte ihn aus der Ruhe.

Seine Mutter machte sich oft Gedanken darüber, was wohl aus ihm werden würde, wenn sie nicht mehr da wäre. Wo würde ihr Oskar hingebracht werden? Manche schlaflose Nacht verbrachte Else mit Grübeln.

Oskar sah gerade einen bunten Schmetterling am Fenster vorbeifliegen, an dem er stand und die spielenden Kinder vor dem Haus beobachtete. Seine Augen leuchteten strahlend, wie er so dem kleinen gelben Schmetterling hinterher sah. Was er wohl in diesem Moment dachte? Was hätte Else, seine Mutter, dafür gegeben, das zu erfahren.

Oskar dachte….

„Was, wenn ich solche bunten schönen Flügel hätte und einfach fliegen könnte, hinein in meine bunten Kreise tief und immer tiefer? Was würde ich dort wohl alles erleben?"

Und ehe er sich versah, begann eine wundersame Reise. Und während seine Mutter noch darüber nachdachte, wie das Leben von Oskar verlaufen würde, startete er in das Abenteuer seines Lebens.

Er sah, wie ihm plötzlich sonnengelbe Flügel wuchsen. Erst langsam und vorsichtig und dann immer schneller bewegte er die zerbrechlichen Flügel hin und her. Auf einmal schwebte er über dem Boden!

Er sah seine Mutter in das Lesen eines Buches vertieft. Sie schien gar nicht zu bemerken was das gerade mit ihm geschah. „Seltsam" – dachte Oskar.

Er betrachtete sie genauer und sah dabei die vielen Sorgenfalten auf ihrem Gesicht. Was hatte sie schon alles mit ihm mitgemacht? Wie oft war sie mit ihm verzweifelt bei den Ärzten des nahen Klinikums gewesen und versuchte herauszufinden, ob seine Sprachlosigkeit nur vorübergehend oder dauerhaft war. Doch kein Arzt konnte ihr wirklich helfen.

Und Oskar konnte sich noch nicht einmal für all die Liebe seiner Mutter bedanken, weil ihm die Worte fehlten. Nur manchmal umarmte er sie stumm und schmiegte seinen Kopf an ihren warmen Bauch. Ob das wohl genügte?

Oskar flog an ihr vorbei in sein Zimmer. Es lagen viele Spielsachen auf dem Boden und natürlich sein geliebter Malkasten. Er betrachtete die Bücher, aus denen seine Mutter ihm abends immer vorlas. Seine Bettdecke war mit bunten Kreisen bedeckt, denn seine Mutter wusste wie sehr er das liebte. Er setzte sich auf sein Bett. Und da plötzlich fühlte er, wie sich ein solcher Kreis unter seinen

Füßen öffnete. Er tauchte hinein und taumelnd flog er immer tiefer durch immer mehr Kreise hinab. Es wirbelte und brauste in seinen Ohren, aber Oskar hatte sonderbarerweise überhaupt keine Angst. Er fühlte sich frei wie der Schmetterling, den er am Fenster hatte vorbeifliegen sehen.

Dann sah er auf einmal Berge und Seen die gar nicht so aussahen wie dort, wo er herkam. Sie waren bunt wie sein Malstiftkasten. Er lachte. Das Wasser des Sees war nicht blau, sondern grün und die Bäume waren nicht grün, sondern blau. Aber er fand das überhaupt nicht ungewöhnlich.

Es sah aus wie die Bilder, die er oft
zu Hause gemalt hatte. Und er sah
noch etwas. Da waren Kinder, die
aussahen wie er. Auch sie hatten
Flügel und schwebten auf den bunten Wiesen vor dem See zwischen
den Blumen hin und her. Er flog zur
Wiese und gesellte sich zu ihnen.

Zunächst betrachteten ihn die Kinder misstrauisch.

Aber dann kam ein Mädchen geflogen, das sich zu ihm setzte und ihn anlächelte. „Ich heiße Marie und du? Wo kommst du her?", fragte sie. Oskar, der ja bisher stumm war, öffnete den Mund und siehe da, er konnte auf einmal sprechen. Er stellte sich vor und erzählte ihr, wo er bisher gelebt hatte, über seine Mutter und wie er plötzlich Flügel bekommen hätte und durch ganz viele bunte Kreise hinab geflogen und hier gelandet war. Das Mädchen schaute ihn unverwandt an. „Mir ging das genauso wie dir", sagte sie. „Ich lebe zusammen mit meinen Eltern in einem kleinen Dörfchen im Schwarzwald. Auch ich hatte keine Spielkameraden, denn ich konnte nicht zusammen mit ihnen springen und rennen, denn mein Herz funktioniert nicht richtig.

Deshalb war ich oft sehr einsam, weil die anderen Kinder mich nicht als Spielkameradin haben wollten. Und da saß ich wie du eines Tages an meinem Fenster und sah einen Schmetterling. Ich überlegte, als ich ihn so vor dem Fenster schweben sah:" Wenn ich doch Flügel hätte! Dann könnte ich mit den anderen Kindern mithalten und sie sogar überholen. Und da geschah es. Auf einmal war ich hier." „Ist das nicht seltsam?", fragte Oskar. „ Hier sind all die Dinge, die uns daran hindern mit Freunden zusammenzuspielen, einfach weg." „Ja und niemand schaut uns so komisch an und lächelt mitleidig", sagte Marie.

„Komm, ich stell dich den anderen Schmetterlingen vor!", sagte Marie. Und so lernte Oskar Matt, der nicht sehen konnte, Oliver, dem ein Arm fehlte, Elli, die Augen wie ein Chinese hatte und Karin, die keine Beine hatte kennen. Die sechs waren sofort dicke Freunde. Nun erzählten sie sich erst einmal ihre Geschichten.

Oliver war beim Rollerfahren von einem Autofahrer angefahren worden und hatte dabei einen Arm verloren. Er erzählte, wie furchtbar das für seine Eltern gewesen war, und welche Angst sie gehabt hätten, dass er nicht mehr wieder aufwacht im Krankenhaus, in das sie ihn gebracht hatten. Er selbst hätte sich sehr schnell damit abgefunden, dass er nur noch einen Arm hatte, aber die Kinder aus der Nachbarschaft hätten ihn deswegen gehänselt und Hilfe, die er gebraucht hätte, wurde ihm nur selten zuteil. Außerdem wurde er von einigen Kindern so mitleidig angeschaut, dass er das schon bald nicht mehr ertrug und oft darüber wütend wurde.

Matt war blind zur Welt gekommen und vermisste daher die farbige Welt der Freunde nicht. Aber manchmal, wenn jemand ihm von weißen Schäfchenwolken am blauen Himmel erzählte und von leuchtenden Farben der Blumen auf der Wiese schwärmte, dann merkte er, wie sehr er sich doch wünschte, so etwas einmal sehen zu können.

Elli war ein lustiges Kind. Sie umarmte alles und jeden den sie sah. Sie lachte viel und erzählte die verrücktesten Sachen aus dem Leben zu Hause.

Karin war das ganze Gegenteil von Elli. Sie war still und in sich gekehrt, denn sie war ohne Beine auf die Welt gekommen und erzählte, wie furchtbar es für sie war, die anderen Kinder vor dem Haus herumspringen zu sehen, und nicht mitmachen zu können. Zwar besaß sie einen schi-

cken, mit bunten Fähnchen ge-
schmückten Rollstuhl, den sie von
ihren Eltern bekommen hatte. Zuerst
war das auch für die anderen Kinder
interessant gewesen, weil jeder einmal damit fahren wollte. Aber mit der
Zeit wurde es den Kindern langwei-
lig, weil Karin ja auch nicht bei allen
Dingen mitmachen konnte, wie zum
Beispiel Hüpfen und Seilspringen.
Und deshalb war sie oft alleine in ihrem Zimmer und weinte.

Oskar betrachtete seine neuen
Freunde. Wie gut ging es ihm dage-
gen. Er hatte Beine und Arme und
sah die vielen bunten Blumen auf der
Wiese, über die sie flogen.

Die sechs Freunde verabredeten
sich für den nächsten Tag, um gemeinsam die Gegend zu erkunden.
Da gab es bestimmt so Einiges zu
entdecken.

Die Nacht war herrlich! Oskar schaute in den Himmel über sich und sah bunte Kreise am Firmament. Ab und zu schoss ein gelber Pfeil durch die Kreise und Oskar dachte: „Das ist bestimmt wieder ein Schmetterling, der hierherkommt um etwas zu erleben." Er deckte sich mit seinen Flügeln zu und schlief ein.

Am nächsten Morgen waren alle schon ganz früh wach. Matt war ganz aufgeregt und hüpfte auf und ab. Elli lachte glockenhell und umarmte jeden, der in ihrer Nähe war, und Karin, die sonst ganz ruhig war, wusste mit ihren Händen vor lauter Aufregung nicht wohin damit.

Die kleinen bunten Schmetterlinge flogen zunächst zum See.

Er lag grün schimmernd zu ihren Füßen, und Oskar und seine neuen
Freunde versuchten Matt mit allen
Mitteln die Farbe Grün zu beschrei-
ben. "Tauche einmal den Fuß hier
ins Wasser", forderte Oskar Matt auf.
Der See war kalt und herrlich frisch.
„Das ist Grün!", rief Oliver. „Grün ist
wie frisches klares Wasser." Es
machte unheimlich Spaß Matt die

Farbe Grün zu erklären. Und Matts Gesicht begann sich zu verändern. Er lachte und sagte:"Jetzt weiß ich, wie sich Grün anfühlt – wie klares kühles Wasser, das belebt und erfrischt."

Da plötzlich tauchte aus dem Wasser ein großes Tier auf. Der Rücken des Tieres war gepanzert. Sein Kopf lugte aus dem Panzer heraus und es hatte große runde braune Augen. Vier Beine, die wie große Schaufeln aussahen, trugen das Tier. Es stellte sich als Mathilda, die Schildkröte vor. Mathilda war mindestens 500 Jahre alt und die Falten an ihrem langen Hals sahen aus, wie bei einer alten weisen Frau. Und das war Mathilda auch. Sie erzählte von den Jahren in diesem See, von den vielen, vielen Fischen die hier lebten, davon, dass sie als kleines Kind fast einer Möwe zum Opfer gefallen wäre, aber es ge-

rade noch geschafft hatte unterzu-
tauchen. Ein kleines Stückchen ihres
Hinterbeines hatte die Möwe aber
doch noch erwischt. Dabei hob Ma-
tilda ihr verletzten Fuß hoch. Die
Kinder hörten aufmerksam zu. Was
hatte Mathilda schon alles erlebt und
das trotz dieser doch schweren Be-
hinderung an ihrem Fuß. Da konnte
keiner von ihnen mithalten.

Mathilda bot an mit den Freunden eine kleine Schifffahrt zu machen. Dazu sollten sich alle auf ihren Rücken setzen und sie würde mit ihnen an das gegenüberliegende Ufer schwimmen.

War das für ein Gaudi! Das Wasser spritzte rechts und links während Mathilda mit kräftigen Paddelschlägen die Rasselbande an das andere Ufer ruderte. Drüben angekommen krabbelte sie auf den Strand und entließ die Freunde. Oskar bedankte sich für die Fahrt und Elli umarmte natürlich Mathilda so fest, dass ihre Augen noch runder wurden, als sie ohnehin schon waren.

Der Sand, auf dem sie standen, war fein wie Puderzucker und hatte eine goldgelbe Farbe. Matt fragte, was das denn für eine Farbe sei – Goldgelb. Karin war nun Feuer und Flamme und sagte: "Fühlst du die

Wärme an deinen Füßen?" „Ja, das ist schön, nach dem kalten grünen See", lachte Matt. „Das ist Gelb", riefen die Freunde wie aus einem Mund und jubelten. Matt warf sich in den gelben Sand und grub seine Hände hinein. Und Karin wälzte sich mit ihm zusammen darin und alle bewarfen sich mit dem warmen Sand.

Da tauchte aus dem Sand urplötzlich ein komisches Tier auf. Es hatte acht Beine und zwei davon mit großen Zangen vorne am Kopf. Zwei Augen, die auf Stielen saßen, sausten hin und her und das Tier versuchte Elli in die Hand zu zwicken. Es war sehr verärgert und rief laut: "Was für eine Unruhe hier! Ich habe gerade so schön im Sand meinen Mittagsschlaf gemacht! Wer seid ihr, das ihr mich so stört?" Die Freunde setzten sich in einem sicheren Abstand vor das Tier in den Sand, dass sich als Ta-

schenkrebs Egon vorstellte, und ent-
schuldigten sich kleinlaut für die Stö-
rung. Sie hätten sich so über den
warmen Sand gefreut, stotterte Marie, und ja nicht gewusst, dass Egon
hier seinen Mittagsschlaf machen
würde.

Egon grummelte vor sich hin, entschied sich aber die Entschuldigung anzunehmen. „Na gut, wer seid ihr denn und wo kommt ihr her?" Die Freunde erzählten ihre Geschichten und Egon hörte aufmerksam zu. „Ja, ja, ich bin auch nicht beliebt bei den Kollegen, weil ich so komisch aussehe. Ich weiß genau, wie ihr euch fühlt. Aber ich mach mir da nichts draus und wer mich ärgert, bekommt es mit meinen Scheren zu tun." „Oh ja", sagte Elli. „Das habe ich gemerkt!" Und dabei rieb sie sich die Hand. Jetzt war es an Egon sich zu entschuldigen. „Wisst ihr, was ich kann?", versuchte er die Stimmung etwas aufzuheitern. „Ich kann seitwärts laufen, ohne über meine Füße zu stolpern. Soll ich euch das mal zeigen?" „Auja" , riefen alle im Chor. Und so sahen sie Egon, wie er flink wie ein Wiesel seitwärts, vorwärts und rückwärts durch den Sand düste. Alle hatten einen unheimlichen Spaß dabei und lachten sich kringelig. Obwohl er zunächst gar nicht liebenswert ausgesehen hatte, war Egon ihnen jetzt richtig ans Herz gewachsen und er konnte etwas, was andere nicht konnten.

Dann wurde es Zeit weiterzukommen. Egon verabschiedete sich von der Truppe und gab ihnen noch einen Rat mit, sie sollten sich vor Bodo in Acht nehmen. Das wäre ein ganz unangenehmer muffiger Geselle. „Am besten ihr macht einen großen Bogen um ihn. Er ist meist übellaunig und hat keinerlei Humor." Dann vergrub sich Egon wieder flink in den Sand, um seinen Mittagsschlaf nachzuholen und ließ die kleine Schar etwas ratlos auf dem Sandstrand zurück.

Vorsichtig schauten sie sich im blauen Wald um. Ein aufkommender

Wind blies kalt und Oskar bekam eine leichte Gänsehaut, ob vor Kälte oder vor Angst wusste er selbst nicht so genau. „Na gut, wir wollten was erleben. Jetzt müssen wir auch den Mut dazu haben. Schließlich sind wir zu sechst", rief Oliver und nahm einen Stock in seine gesunde Hand. Kaum waren sie ein kleines Stück des Weges geflogen, sahen sie ein großes Netz über den Weg gespannt hängen. „Was ist?", fragte Matt, als sie stehen blieben. „Da ist ein großes Netz über den Weg Matt", sagte Oliver und stieß mit dem Stock hinein. Plötzlich kam Bewegung in das Netz und sie sahen, wie ein großes achtbeiniges Tier sich blitzschnell an einem Faden Richtung Netzmitte abseilte. „Iiih", rief Karin. „Das ist ja gruselig." Das Tier hatte stechende Augen und schaute sie böse an. Tilli, so hieß das Tier, das sich als Kreuzspinne vorstellte, war höchst verärgert. „Was soll das? Warum zerstörst du mir mein schönes Netz? Jetzt kann ich wieder von vorne anfangen. So ein Ärger", rief sie erbost.

Marie versuchte trotz ihres wild klopfenden Herzes die richtigen Worte zu finden. „Entschuldigung, wir wollten das nicht, aber du ha..hast dein Netz genau über den Weg gespannt, auf dem wir in den Wald wollten. Wir wussten ja nicht, dass das dir gehört." Tilli sah Marie durchdringend mit ihren Augen an und blickte anschließend in die Runde. „Aha – ihr wusstet das nicht. Was seid ihr denn für dumme Kinder? Das weiß doch jeder, dass ich das mit Absicht mache. Schließlich will ich ja auch was fangen. Und da das ein beliebter Weg ist, ist hier der Erfolg für einen guten Fang am größten. „Und was machst du dann mit deinen Gefangenen?", fragte Elli unschuldig, wie sie war. „Na was wohl", grinste Tilli böse. „Oh wie furchtbar. Dich mag ich aber gar nicht umarmen", rief Elli und schnell rannten alle, einen großen Bogen um das Netz machend, weiter in den Wald. „Puh", sagte

Matt." Das war aber knapp. Wir müssen wirklich aufpassen."

Da bewegte sich etwas unter ihren Füßen. Ein kleiner Haufen Erde entstand direkt unter ihnen. Sie starrten gespannt nach unten und da sahen sie eine große, lange rosige Nase mit zwei kleinen Nasenlöchern an ihrem Ende, gefolgt von einem samtigen Pelz, aus der Tiefe hervorkommen.

Das Tier hatte eigentlich keine Augen und seine lange Nase, die mit Haaren besetzt war, war ständig in Bewegung. Außerdem hatte es Füße wie Schaufeln mit spitzen Krallen daran. Urplötzlich wurde es starr. „ Ist da jemand?" Die Freunde verhielten sich mucksmäuschenstill.

Elli hielt es aber nicht lange aus. Sie kniete sich zu dem seltsamen Tier hinunter und sagte:" Hallo, ich bin El-li." Tobi, der Maulwurfmann erstarrte vor Schreck. „Ach du je!", und flugs war er wieder untergetaucht. Karin legte sich vor den Haufen und rief hinein.

„ Du brauchst keine Angst zu haben. Wir tun dir nichts. Was bist du denn für ein Tier?" Vorsichtig lugte die lange Nase wieder aus dem Erdhaufen hervor. „Ich bin Tobi und sehe ganz schlecht – eigentlich gar nicht – aber ich habe gespürt, dass da was ist." „ Du siehst auch nichts?", rief Matt erfreut. „Ja", sagte Tobi. „ Aber ich habe eine gute Nase und spüre jede Bewegung und das hilft mir dann mich zurechtzufinden. Außerdem ist es dort, wo ich wohne sowieso dunkel. Da braucht man nichts zu sehen."

Matt jedoch war glücklich, ein Tier gefunden zu haben, dass genauso wie er nichts sah und dass es sogar ganz normal fand. „Darf ich dein Fell anfassen?", fragte Marie. „Es sieht so samtig weich aus und ist bestimmt ganz warm." Tobi schnüffelte stolz und sagte:" Ja da bin ich auch echt stolz drauf. Das kannst du gerne machen." „Darf ich auch mal?", fragte Matt. Uns so streichelten die Freunde ausgiebig Tobis Fell, bis auch noch der letzte Erdkrümel entfernt war.

Danach verabschiedeten sie sich und flogen in Richtung einer schönen sonnigen Lichtung. Hier entschlossen sie sich über Nacht zu bleiben. Das Moos zu ihren Füßen war weich und warm und die Sonne schien herrlich auf den kleinen Platz. Ein paar Hummeln flogen die dort wachsenden Blumen an und in den Ästen der Bäume zwitscherte es im Chor.

„War das ein Tag!", sagte Oskar. "Wir haben eine Menge erlebt. Zuerst Mathilda, die trotz ihres Alters und ihrer Verletzung noch so fit war uns über den See zu paddeln und als Kind knapp dem Tod entronnen ist. Dann Egon, der Taschenkrebs, der zwar sonderlich aussah, aber doch so liebenswert war und Sachen konnte, die sonst niemand kann. "Und dann Tilli, nicht gerade herzlich, aber ihr Netz, alle Achtung", sagte Marie. „Ja, und jetzt noch Tobi, der nichts sehen kann!" jubilierte Matt. "Und trotzdem findet er sich in den langen Tunneln unter der Erde zurecht."

„Die Tiere erinnern an uns. Mathilda wäre fast tot gewesen, genauso wie Oliver. Und Elli, Egon erinnert mich an dich." „Naja," sagte Elli, „aber umarmen wollte ich ihn nicht!" „Tobi erinnert mich an Matt, der auch nichts sieht aber dennoch inzwischen schon Farben fühlen kann." „Und Tilli? Ich glaube, die hat keiner zum Vorbild" ,entschieden die Freunde lachend.

„Wer weiß, was uns noch erwartet. Ich bin ja so gespannt. Aber jetzt sollten wir uns erst einmal schlafen legen und uns für den nächsten Tag stärken."

Als die ersten Sonnenstrahlen die Lichtung erreichten streckten und reckten sich die Freunde. Sie hatten wohlig geschlafen und wunderschöne Träume gehabt. Davon, dass sie doch nicht so sonderbar waren, wie alle dachten. Selbst hier hatten sie Tiere erlebt, die wie sie anders, aber dennoch glücklich und zufrieden waren. Diese Tiere waren nicht einsam, sondern hatten viele Freunde.

Selbst Tilli, die keiner leiden konnte, wurde wegen ihres filigranen Netzes bewundert. Hässlichkeit war also auch nicht unbedingt ein Maßstab, ob jemand gut oder böse war, etwas konnte oder als dumm bezeichnet wurde. Sie hatten am vergangenen Tag viel über sich und andere gelernt und freuten sich auf die nächsten Abenteuer.

Der Weg führte sie durch den Wald an einen Berg, auf dem jemand Weinreben gepflanzt hatte. Sie flogen entlang der Terrassen und setzten sich, weil es so warm geworden war, erschöpft auf einen Stein. Plötzlich rührte sich etwas. Zunächst sahen sie zwei lange Stiele, auf denen jeweils ein kleiner schwarzer Punkt saß. Dann folgte der Körper mit einem wunderschönen Haus oben darauf. Sie hatten die Weinbergschnecke Olivia getroffen. Olivia stieß in diesem Moment an einen Grashalm, und – zack, einer der Stiele verschwand plötzlich in ihrem Kopf. Wie lustig, dachte Karin und beobachtete, wie Olivia sich den Stein hinauf mühte. Es war schwer, denn sie musste auch noch ein großes Schneckenhaus mit sich tragen. Man spürte förmlich, wie schwer ihr das fiel. Oben angekommen, sah sie die Freunde sitzen, und schaute verwundert an ihnen hinauf. „Na, wer seid ihr denn?", fragte Olivia. „ Wir sind Oliver, Marie, Oskar, Elli, Matt und Karin und wir haben uns auf den Weg gemacht, um Abenteuer zu erleben", antwortete Oskar. „Wenn ihr euch da mal nicht verirrt", sagte Olivia. „Nein, wir können doch hoch in die Luft fliegen und dann haben wir wieder den Überblick.

„Ja, wenn ich das mal könnte", erwiderte Olivia. „Aber ich merke immer erst wo ich bin, wenn ich wieder vor einem Hindernis stehe. Aber von hier oben kann ich ja auch schon wieder einiges sehen." „ Du hast ja gar keine Füße" , sagte Karin. „ Wie ist das denn für dich?" „ Ach ja, manchmal etwas beschwerlich, aber ich lass mich halt nicht hetzen. Wenn ich

Max den Grashüpfer sehe, denke ich, du hast ja nichts vom Leben. Immer nur hüpfen und springen und durch die Gegend rennen. Nein, es ist schon gut, so wie es ist", sagte sie. Karin hörte interessiert zu.

So hatte sie die Sache noch nie gesehen. Aber insgeheim freute sie sich jemand gefunden zu haben, der wie sie keine Beine besaß und dennoch durch das Leben kam, glücklich dabei war und sogar ein wunderschönes Haus sein eigen nennen durfte. So unterhielten sich die Freunde noch eine Weile mit Olivia, bis es ihr zu heiß wurde und sie sich in ihr Häuschen verkroch, was wiederum ein Zeichen zum Aufbruch war.

Marie war nach dem langen Weg inzwischen auch ganz schön erschöpft und so beschlossen die sechs Freunde etwas weiter nach oben zu fliegen, um dort die Mittagszeit zu verbringen. Es summte und brummte um sie herum und sie lagen im Schatten einer Weinrebe und schauten dem Treiben um sie herum fasziniert zu.

„ Ich glaube, wir gehen wieder in den Wald", sagte Oliver. „ Da ist es kühler und es gibt dort noch so viel zu sehen." Die anderen stimmten zu. Also flogen sie wieder an den Waldrand. Dort sahen sie einen riesigen Haufen Tannennadeln gestapelt. „Was das wohl ist?", fragte Marie. „Schau mal wie das wuselt", sagte Elli. „Da kribbelt es einen ja richtig".

Sie hatten einen Waldameisenhaufen entdeckt. Viele, viele dieser Ameisen, die für sich alleine zu schwach gewesen wären, hatten sich zusammengeschlossen, um diese Burg zu bauen. Marie sah gerade eine Waldameise eine Tannennadel schleppen und kaum war sie in der Nähe der Burg angelangt, kamen ihr andere zu Hilfe und zogen mit ihr gemeinsam die Nadel auf den Haufen.

Da sah Marie, wie wichtig es war Freunde zu haben, denn einer alleine war meist zu schwach, um etwas Großes zu bewirken. Und wie sie am Herz schwach war, so waren andere woanders schwach. Aber gemeinsam konnte man trotzdem etwas erreichen. Sie sprach mit den anderen über ihre Erkenntnis und die Freunde stimmten ihr zu. Sie hatten gemeinsam schon sehr viel erreicht, und das ‚obwohl ein jeder von ihnen irgendeine Einschränkung hatte.

Oskar schaute in die Runde. Alle hatten schon ihr Tier gefunden. Nur er war noch auf der Suche. Obwohl er körperlich fit war, konnte er nicht reden. Nur hier hatte er wie durch ein Wunder eine Stimme erhalten. Aber zu Hause würde er wieder verstummen. Darüber war er traurig. Vielleicht würde aber auch er noch ein Erlebnis haben, dass ihn davon überzeugen konnte, dass es nicht schlimm war keine Stimme zu haben.

Sie flogen weiter in Richtung See zurück. Da hörte Oskar plötzlich wieder ein Rascheln hinter sich. Er drehte sich um und erstarrte vor Schreck. Vor ihnen stand Bodo – ohne Zweifel. Er starrte sie aus tückischen Augen an. Die Schnurrbarthaare zitterten und seine spitze Nase, unter der sich ein Maul mit langen Zähnen öffnete, vibrierte. Sein Fell war grau und ein langer nackter Schwanz kringelte sich hinter ihm. Er hatte große runde Ohren, die innen eine rosa Farbe aufwiesen und mit grauen Haaren bedeckt waren. Bodo war eine fette große Ratte.

„Na Mädels, na Jungs. Ich habe euch schon eine ganze Weile beobachtet, wie ihr hier in meinem Revier rumstreunt und alle Tiere nervt. Das finde ich gar nicht gut. Ich bin nicht sehr humorvoll, wenn es darum geht, das sich jemand hier einnisten will." "Entschuldigung," stotterte Oliver. "Wir sind ja gleich weg. Wir müssen nur noch hier über den See fliegen." „Das schafft ihr doch eh nicht! Der ist viel zu groß", sagte Bodo. „ Ihr seid doch alle Schwächlinge und so etwas können nur starke Gesunde, so wie ich", grinste Bodo. „Das ist nicht wahr", rief Matt. „Wir sind stark, stärker als du!" „Und weißt du auch warum?", frage Elli. "Weil wir nämlich zusammenhalten und uns gegenseitig helfen und nicht so einsam und alleine sind wie du."

Bodo knirschte mit seinen Zähnen. "Haha, dann macht das mal vor!", rief er ihnen hinterher.

Die sechs Freunde nahmen Anlauf und ein leichter Wind half ihnen dabei Höhe zu gewinnen. In der Mitte des Sees aber merkten sie, dass es schwer werden würde.

Da griff Elli nach Karins Hand und Oliver griff sich Matt. Marie und Oskar bildeten das dritte Paar. Sie feuerten sich gegenseitig an und mit letzten Kräften sahen sie das andere Ufer immer näher kommen. Es war schwer, aber gemeinsam überflogen sie den See und landeten völlig erschöpft am anderen Ufer. Auf der anderen Seite sahen sie Bodo. Er hatte so gehofft, dass eines der Kinder in den See fallen würde und aus seinen Gesichtszügen zu urteilen, war er nun noch ärgerlicher. Er verschwand wieder im Wald und die

Freunde ließen sich auf der Wiese neben dem See nieder.

Sie schnauften alle heftig aber es war so, wie Elli es vorhergesagt hatte. Gemeinsam hatten sie ihr Ziel erreicht und der eine hatte dabei dem anderen geholfen. Die Fünf blickten Oskar an, der dennoch traurig im Gras saß. „Ihr alle habt ein Tier gefunden, das euch zeigte, dass eure Schwächen gar keine Schwächen sind. Nur ich habe immer noch niemanden gefunden, der mir zeigt, dass es nicht schlimm ist kein Wort sprechen zu können." Elli nahm ihn tröstend in den Arm. Sie machten sich Gedanken, wie sie Oskar aufheitern konnten.

Da sahen sie auf der Wiese plötzlich eine kleine Herde von Tieren, die munter durch die Wiese rannten, sich auf einen dort stehenden Baum hinauf hangelten, Fangen spielten

und dabei quietschende, kreischen-
de Laute von sich gaben. Sie hatten
eine Herde Affen entdeckt, die die
Wiese als Spielplatz nutzten. Dabei
fiel ihnen auf, dass die Affen sich
immer wieder Zeichen gaben, statt
miteinander zu reden. Oskar war daran interessiert und kam näher.

Balduin der Anführer der Affenschar erklärte ihnen, das sich Affen durch Gesten unterhalten und nur schreien, wenn sie sich bedroht fühlten. Endlich hatte Oskar „seine" Tiere gefunden. Es gab also noch andere, die nicht nur die Sprache nutzten, um sich zu verständigen. Vielleicht konnte er solche Gesten lernen, wenn er wieder zu Hause bei seiner Mutter war.

Es war eine wunderliche Welt, in der die Freunde in den vergangenen Tagen unterwegs gewesen waren. Nun jedoch nahte der Abschied. Alle hatten jetzt doch Heimweh bekommen nach ihren Eltern und ihren Kinderzimmern. Aber bevor sie sich verabschiedeten riefen sie sich ihre Erlebnisse ins Gedächtnis zurück.

Sie waren nicht alleine mit ihren Einschränkungen. Sie waren anders aber nicht schlechter. Mathilda, Tobi,

Olivia, Egon, die Ameisenschar und Balduin hatten ihnen gezeigt, dass es auch ohne etwas zu sehen, eine Stimme, Hände und Füße zu haben, ja sogar mit einem schwachen Herz und mit einem anderen Aussehen ging. Das machte sie stark. Das machte sie glücklich. Und so verabschiedeten sie sich voneinander und flogen durch die Himmelskreise wieder zurück nach Hause.

Else war beim Lesen ihres Buches eingeschlafen. Sie erwachte plötzlich und merkte, dass es mittlerweile dunkel geworden war. Wo war Oskar? Zuletzt hatte sie ihn am Fenster gesehen. Er hatte dort irgendetwas betrachtet. Nun stand sie auf und ging in sein Zimmer. Er schlief tief und fest unter seiner Lieblingsdecke. Sie betrachtete ihn und sah ein Lächeln auf seinem Mund. Was er wohl träumte?

Oskar jedoch hatte einen Plan gefasst. Er würde bald reden können und seiner Mutter alles erzählen, was er erlebt hatte. Das stand fest und er war überzeugt, dass das bald geschehen würde.

Auf meiner Website findet ihr weitere Geschichten

www.heike-boeke.de

Tiergeschichten

Lass dich überzeugen von Caro, die den Mut hatte sich ihre
Träume zu erfüllen, von Marvin der lernte, dass er auch als
Erpel die Welt erobern kann und von Clothilde, die merkte,
dass zu viel Ballast hinderlich ist, um ein Ziel zu erreichen.

ISBN: 978-3-7460-3467-**6**

Waldgeschichten

Der Wald ist ein Wunderwerk, in dem es nur so wimmelt an Tieren und Geschichten. Mit diesem kleinen Buch möchte ich die Geschichten von Lily, Tamara, Marga, Mathilda und Matuff erzählen. Jeder dieser Tiere ist einzigartig und wichtig für den Wald und für uns. Und wer weiß, vielleicht begegnet euch eines dieser Tiere, wenn ihr das nächste Mal durch den Wald geht.

ISBN: 9 783751 906722